This book belongs to :

..........................................................

# Thanksgiving Riddles

# Can you guess it right ?

What should you wear to Thanksgiving dinner?

A : A har-vest

# Can you guess it right ?

What is the best thing
to put into a delicious quince pie ?

A : Your teeth

# Can you guess it right ?

What always comes at the end of Thanksgiving?

A : The letter «g»

# Can you guess it right ?

What's the most musical part of a turkey?

A : The drumstick

Can you guess it right ?

Which side of a turkey has the most feathers?

A : The outside

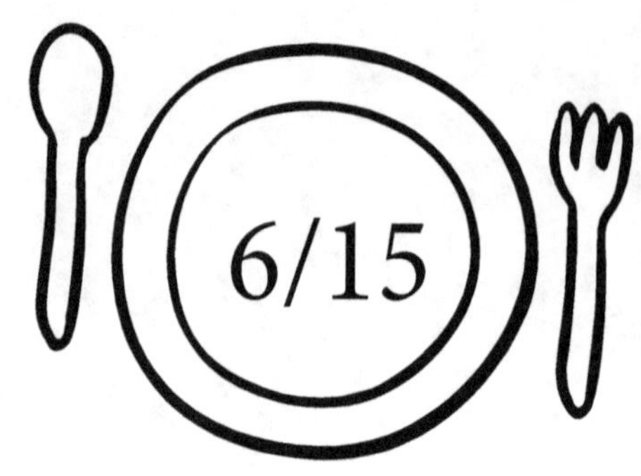

# Can you guess it right ?

What's a pumpkin's favorite sport ?

A: squash

# Can you guess it right ?

> Why didn't the turkey eat dessert ?

A : he was stuffed

# Can you guess it right ?

Corn has a brother named Pop
what she call him ?

A : popcorn

# Can you guess it right ?

Where did the pilgrims land when they came to america ?

A :On their feet

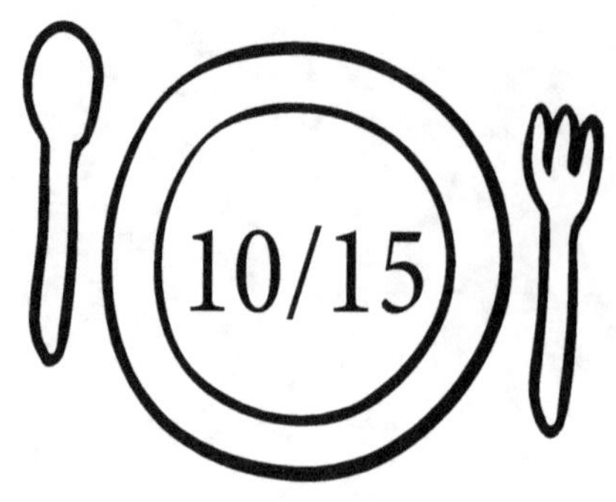


# Can you guess it right ?

When did the pilgrims first say " God bless America"?

A: When America sneezed for the first time

*Can you guess it right ?*

Where do Turkeys go to dance?

A: butter ball

Can you guess it right ?

What smells the best at thanksgiving dinner?

A : Your nose

Can you guess it right ?

What brings you good fortune on Thanksgiving?

A : A wishbone

# Can you guess it right ?

What kind of key has legs but can't open a door?

A : A tur-key

Can you guess it right ?

Where does Christmas come before Thanksgiving?

A : in the dictionary

# Thanksgiving Coloring

THANKS
GIVING
DOODLE

Hello
Autumn

HAPPY
Thanksgiving
DAY

THANKS
GIVING
HAPPY
THANKSGIVING

# Thanksgiving Mazes

# Can you help the squirrel find his way to the acorns ?

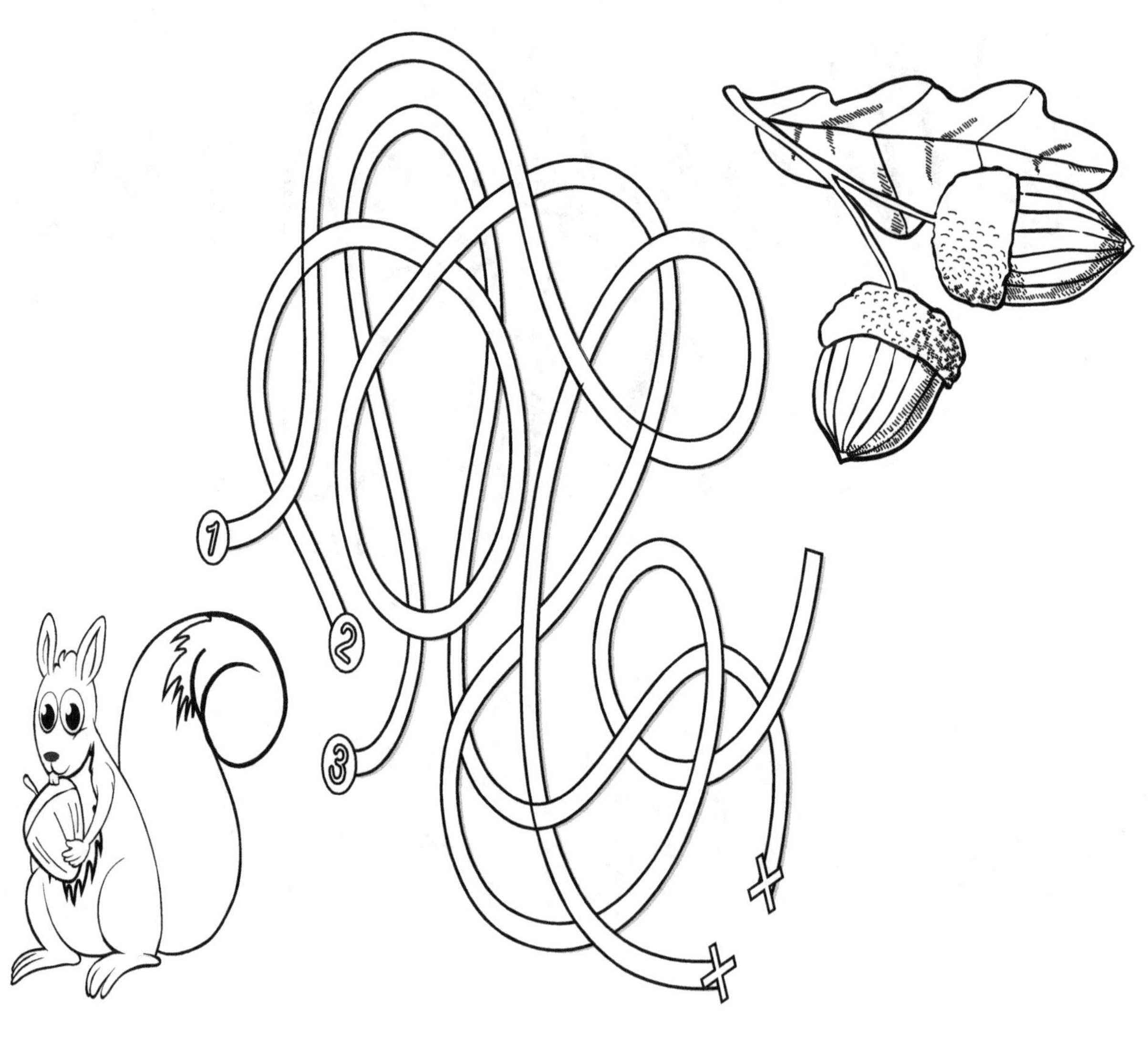

# Can you help the kid find his way to his candy ?

# Which road leads to the delicious pie ?

# Can you help the kid find his way to the wish bone ?

# Can you help the rabbits find their way to their home ?

# Let's find the quince !

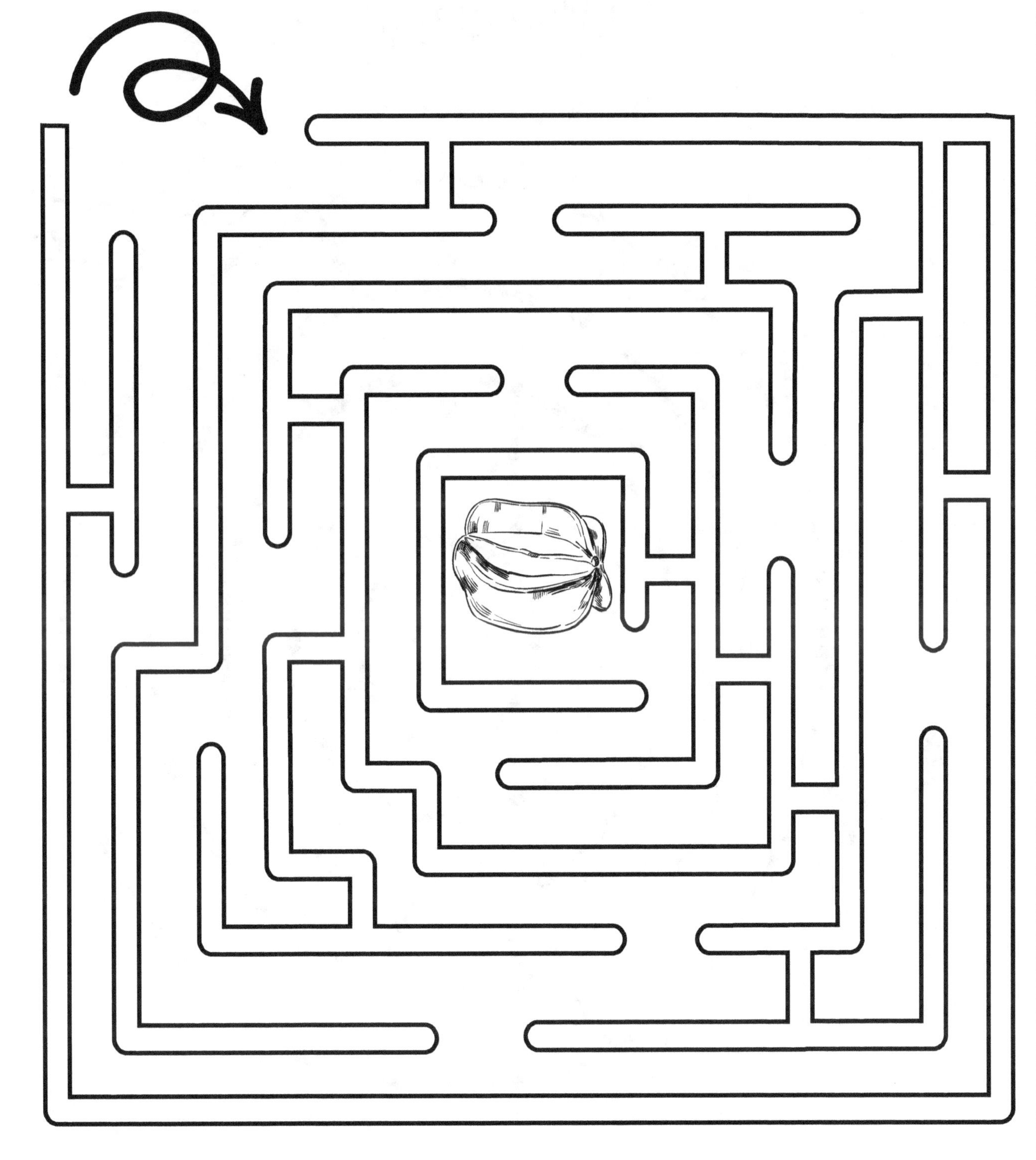

# Can you find your way to the delicious thanksgiving dish ?

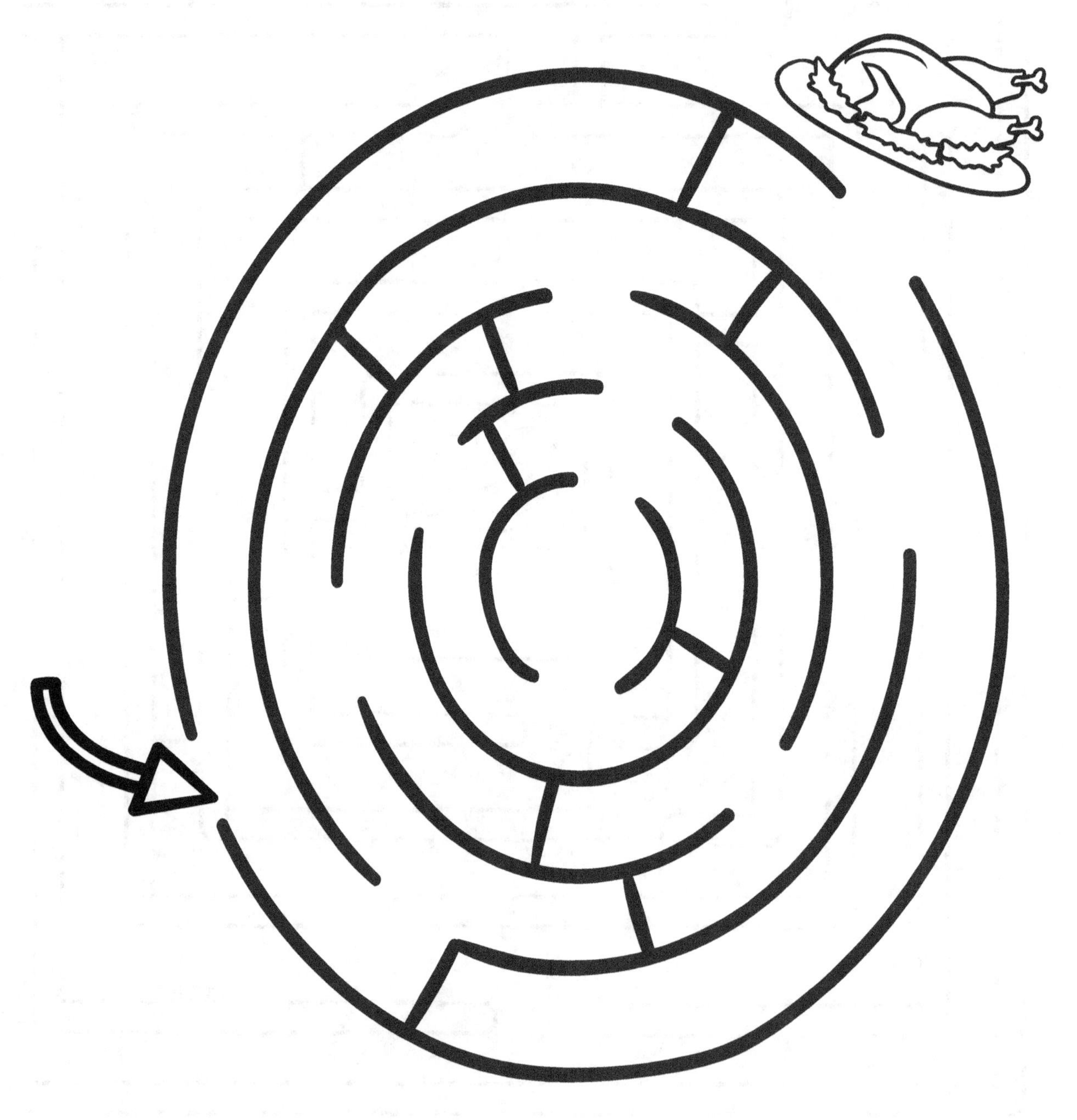

# Can you spot the object that starts with A and find your way to it?

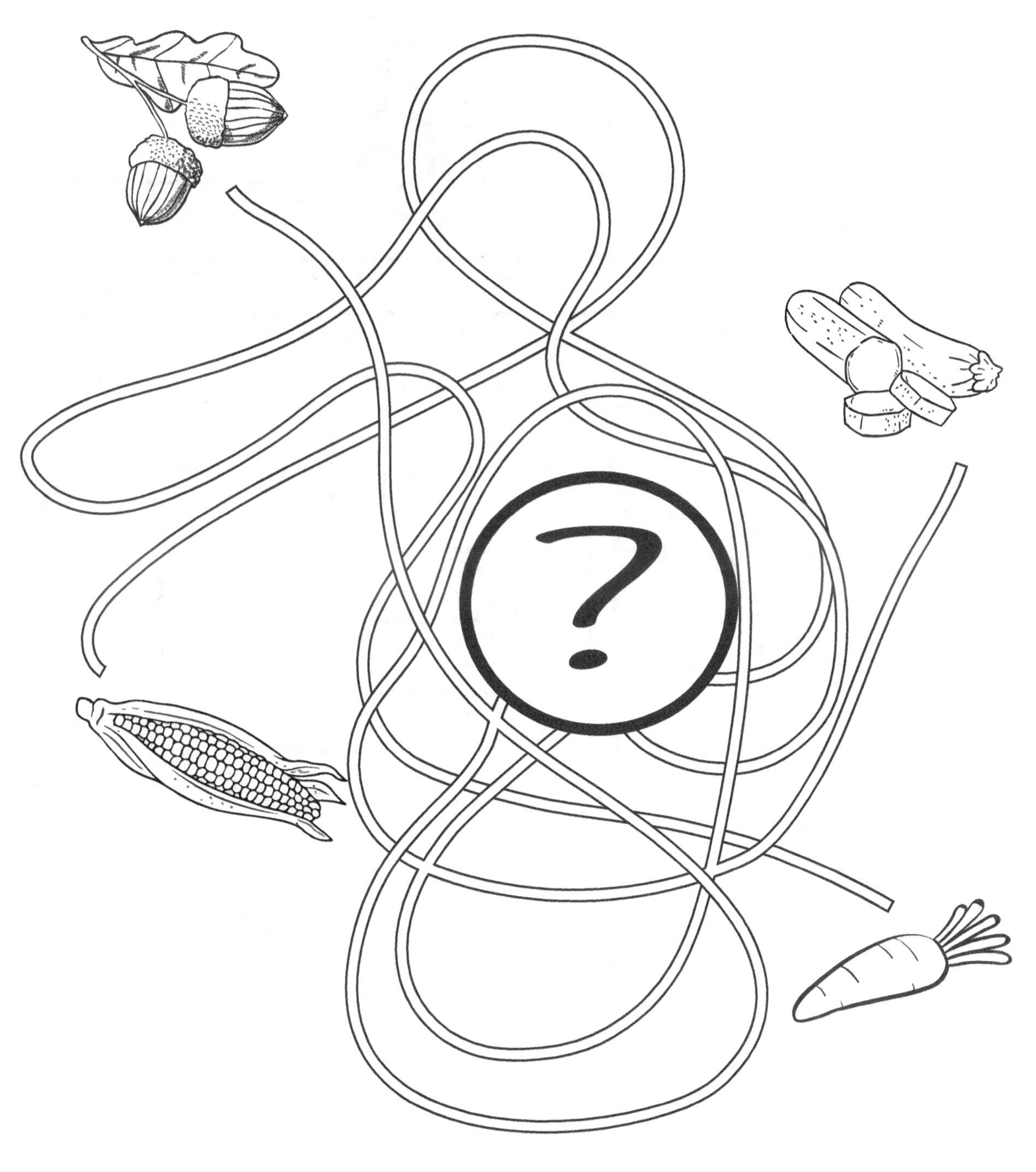

# Can you help grandma to find her way to thanksgiving supper ?

# Can you take the pie to the oven ?

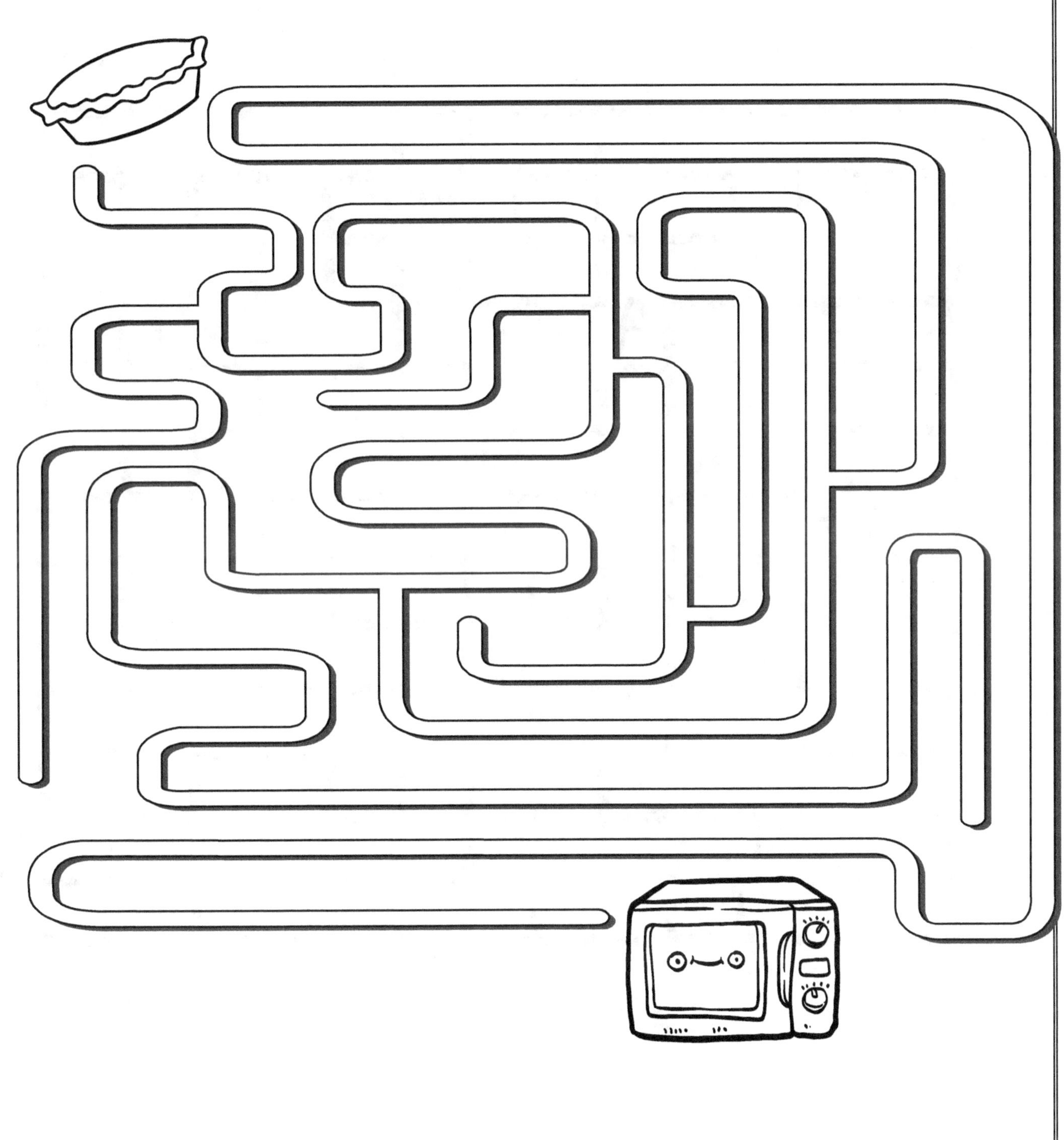

# Can you draw a line to connect each letter of the word «THANKFUL»?

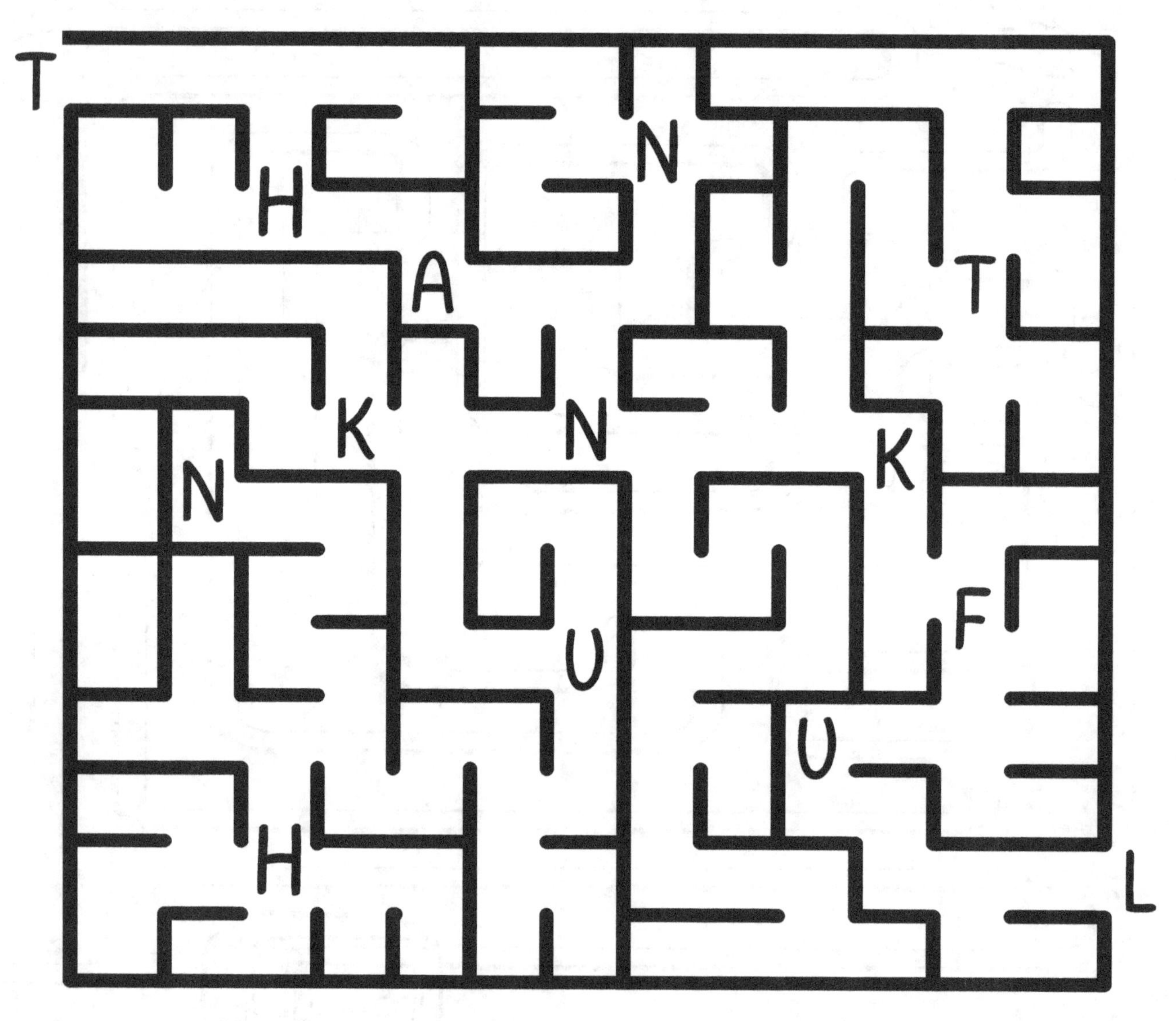

# Can you help this turkey to find the way out ?

# Can you find the way out ?

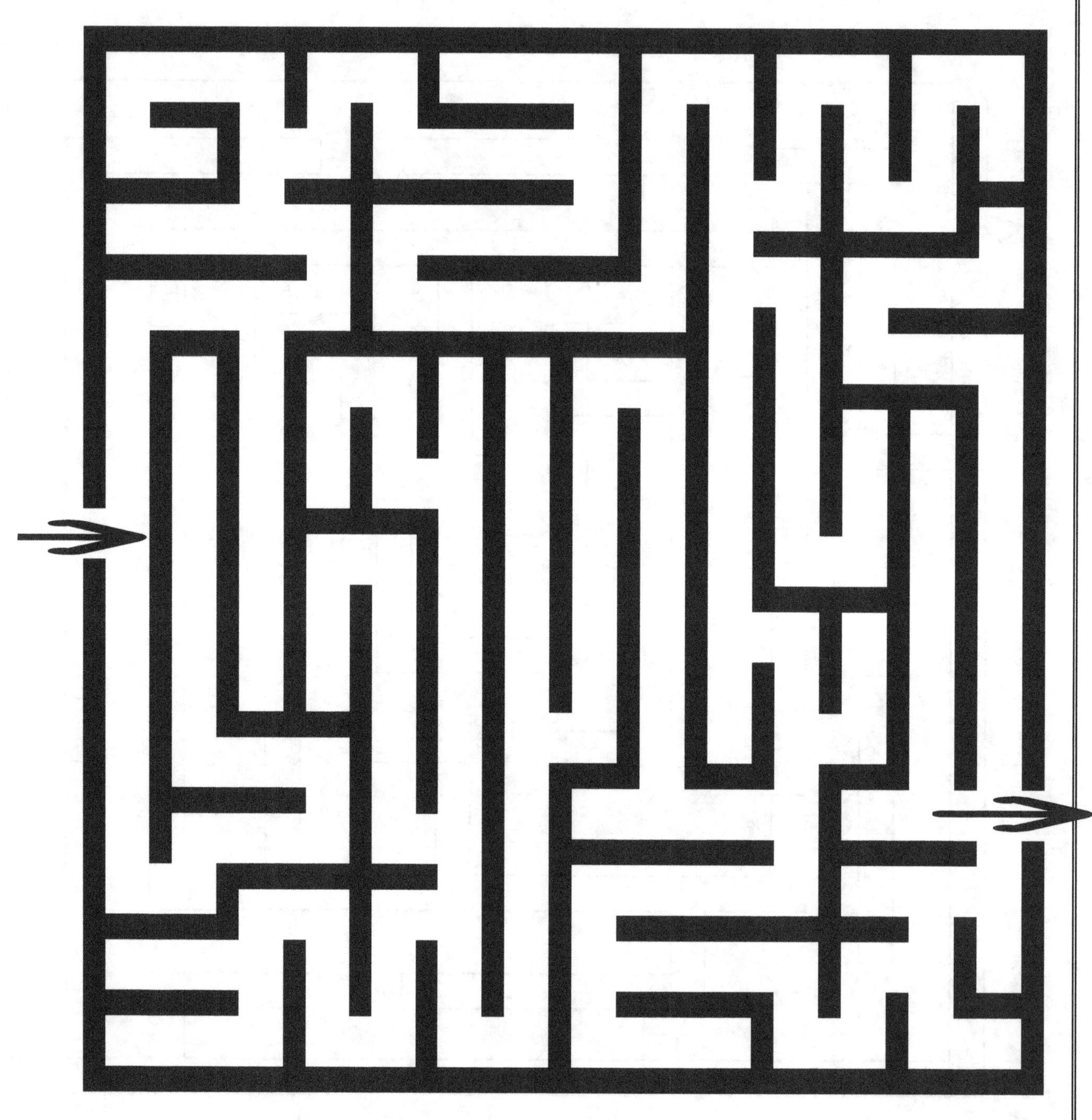

# Can you spot the vegetable beginning with Z and find your way to it ?

The squirrel is lost again. Can you help
once again to find the way out ?

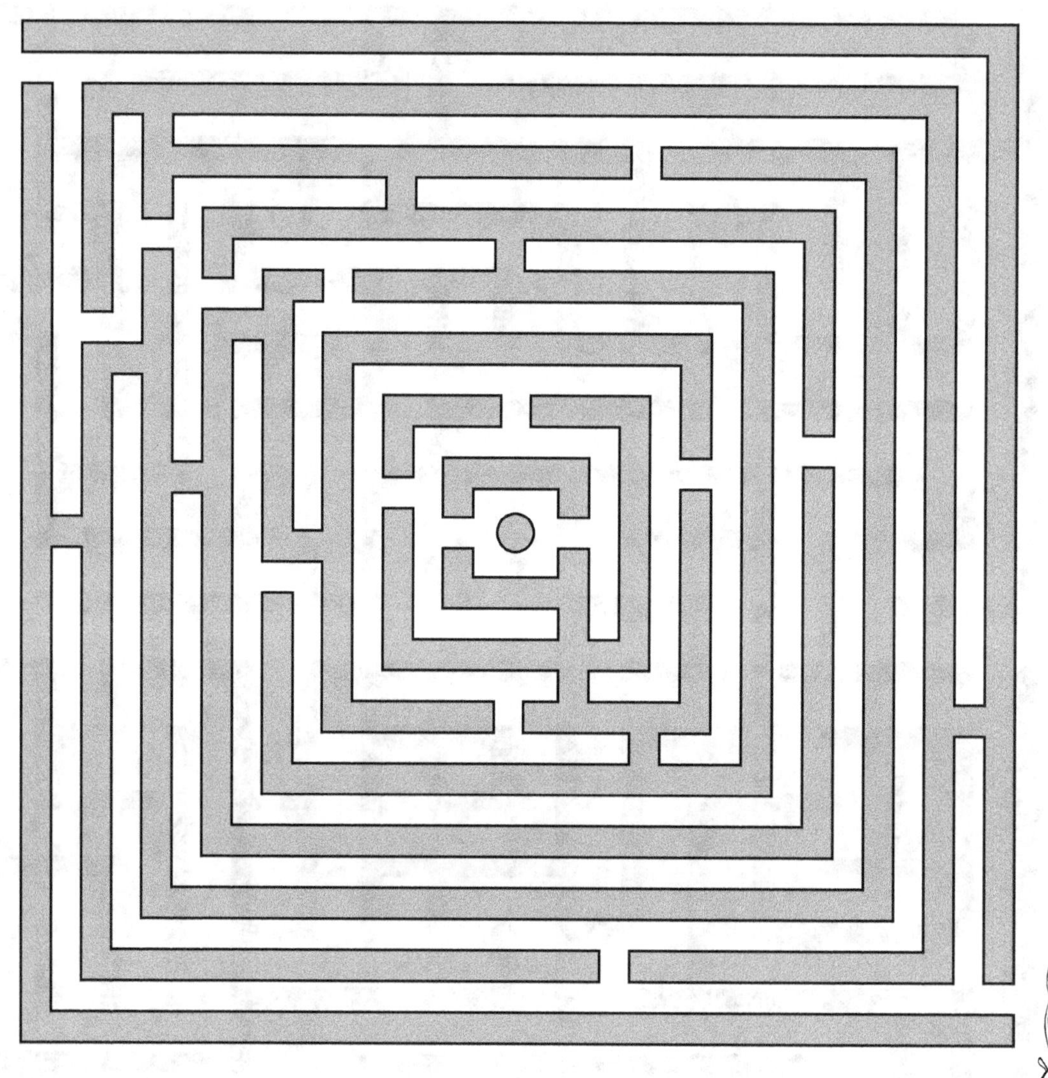

# Solutions

# Solutions

# Solutions

# Solutions

HAPPY THANKSGIVING

# Solutions

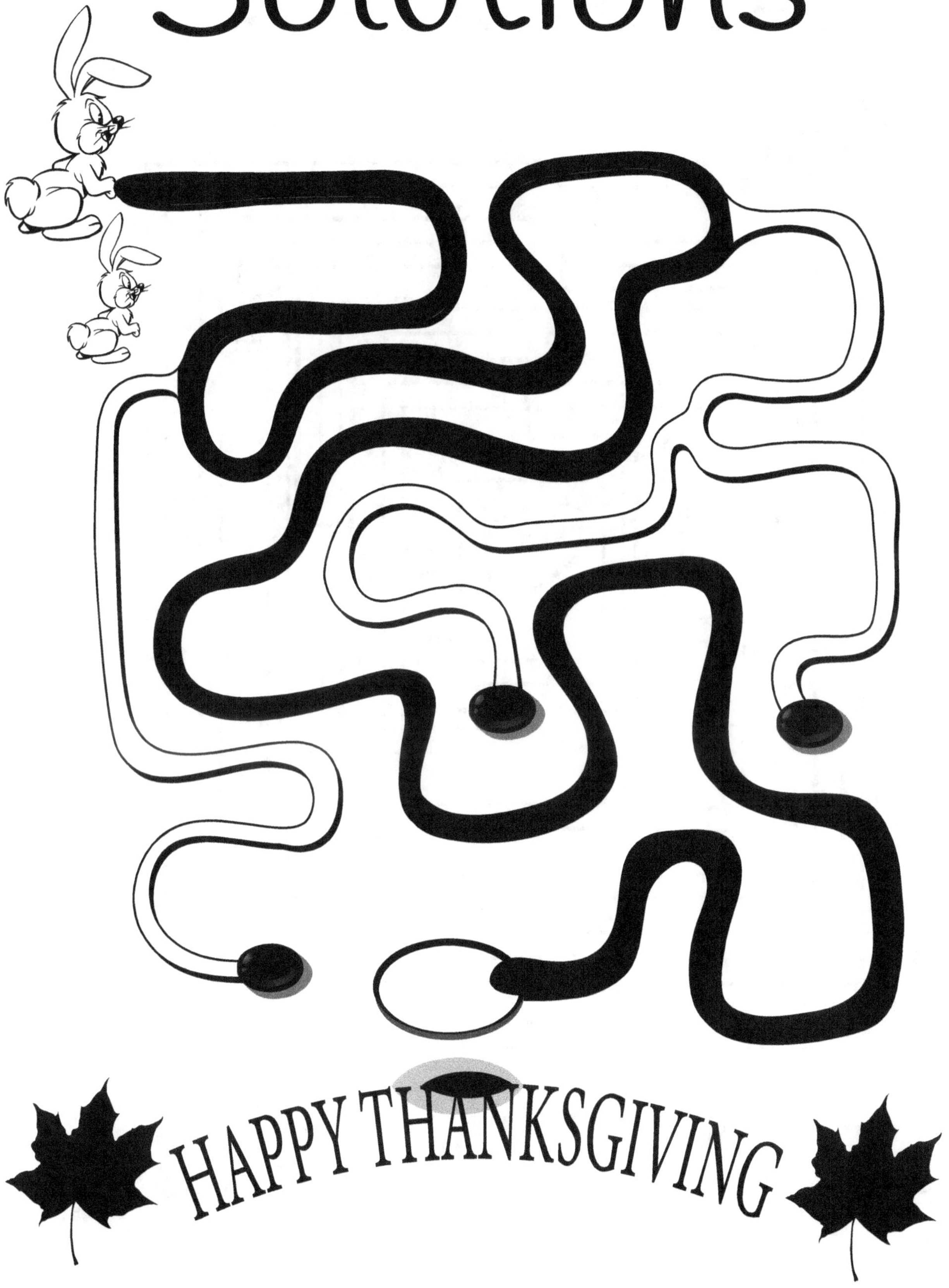

HAPPY THANKSGIVING

# Solutions

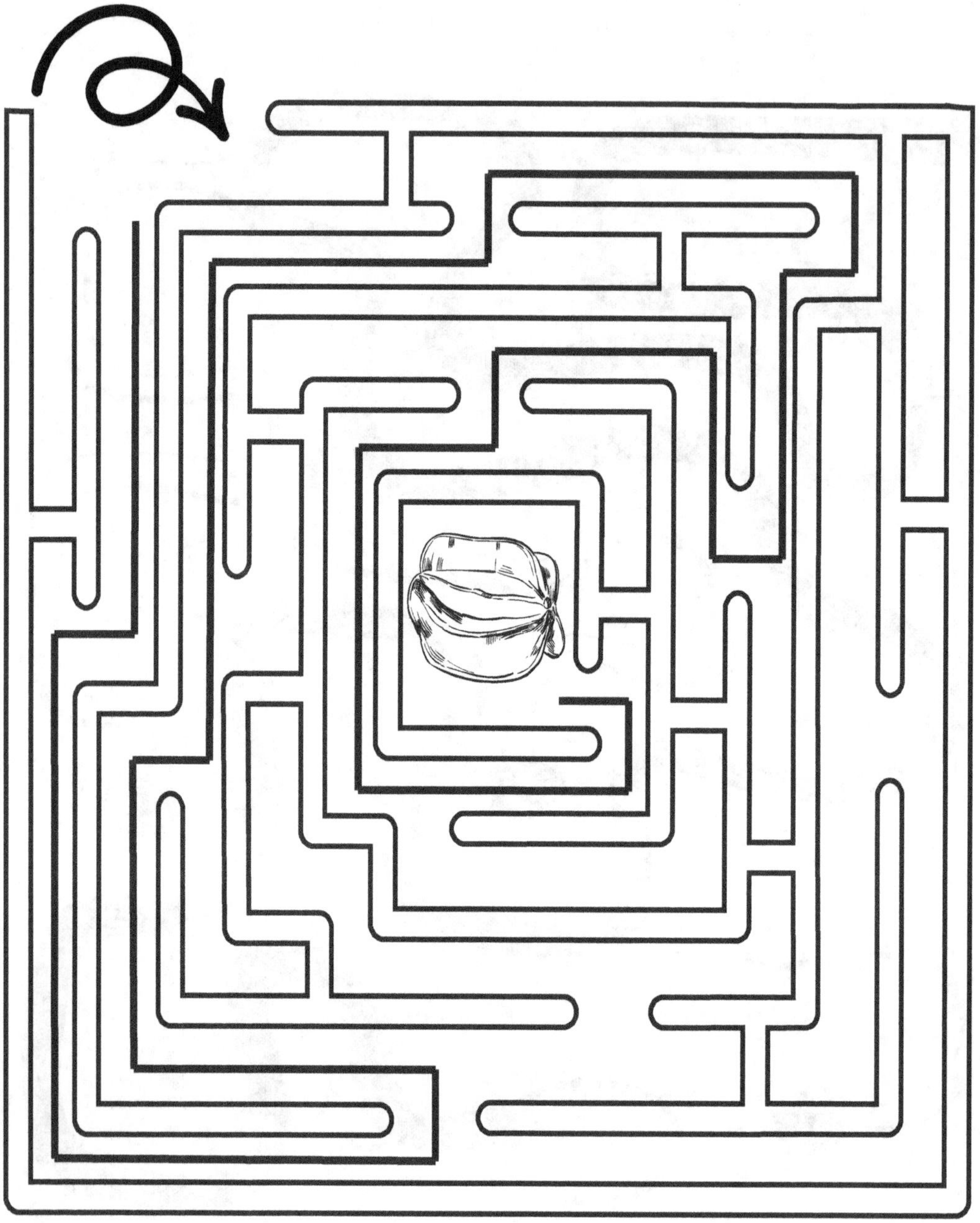

# Solutions

# Solutions

# Solutions

# Solutions

# Solutions

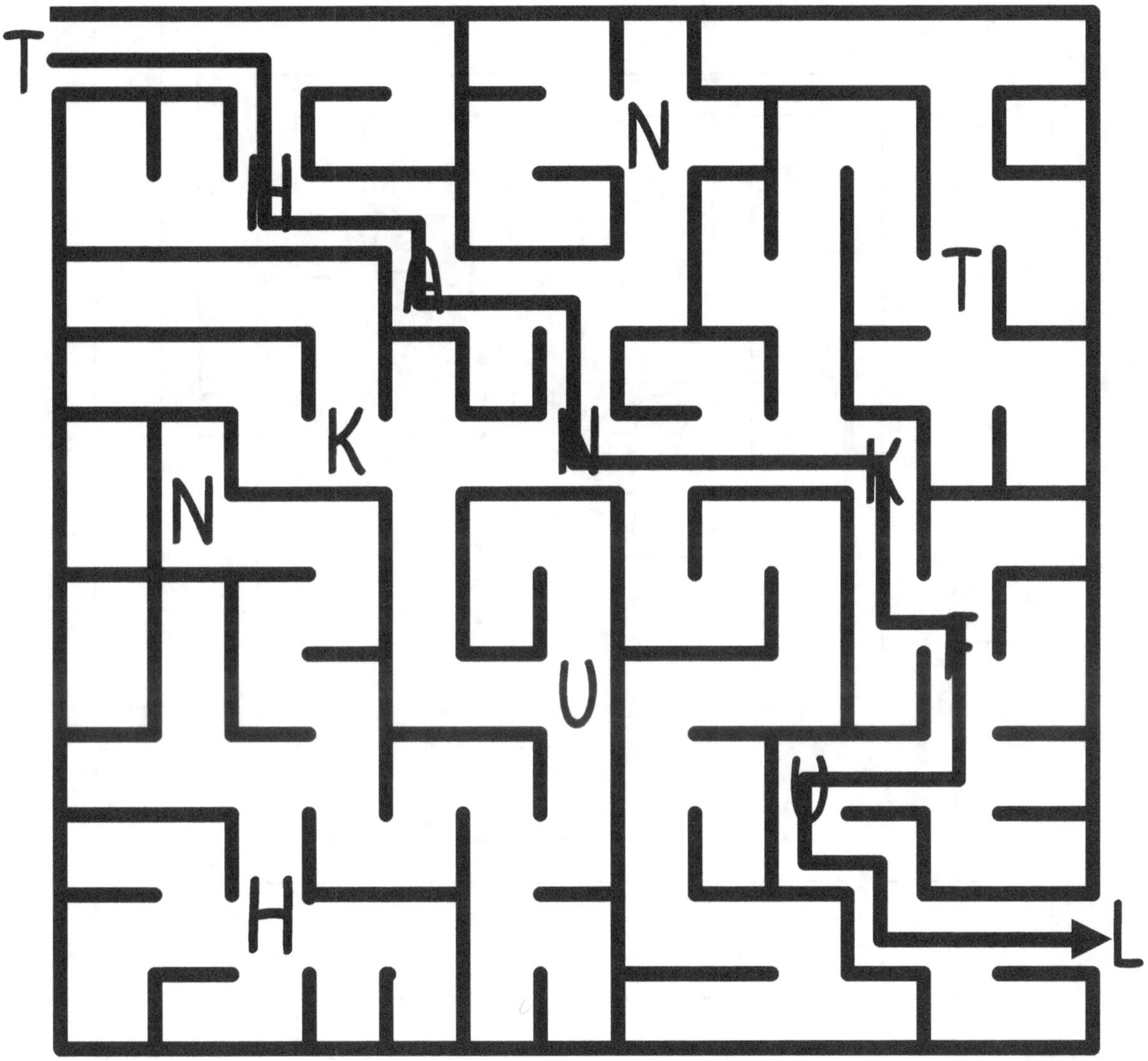

HAPPY THANKSGIVING

# Solutions

# Solutions

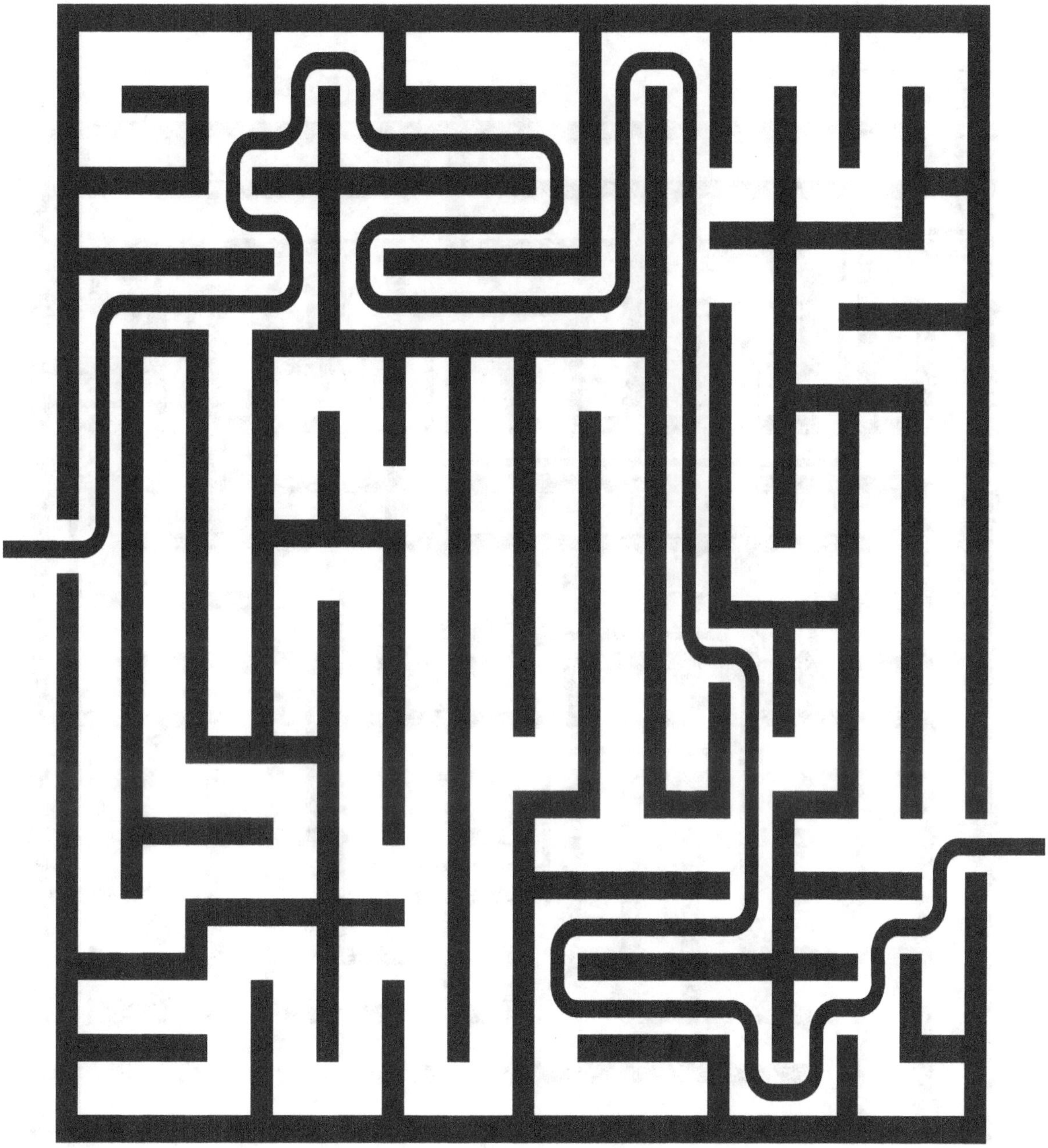

# Solutions

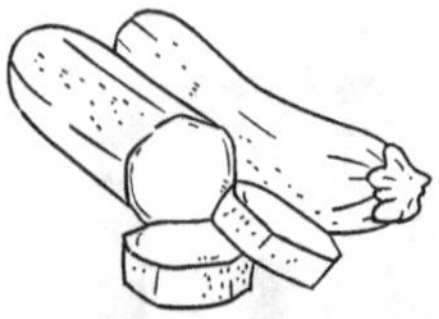

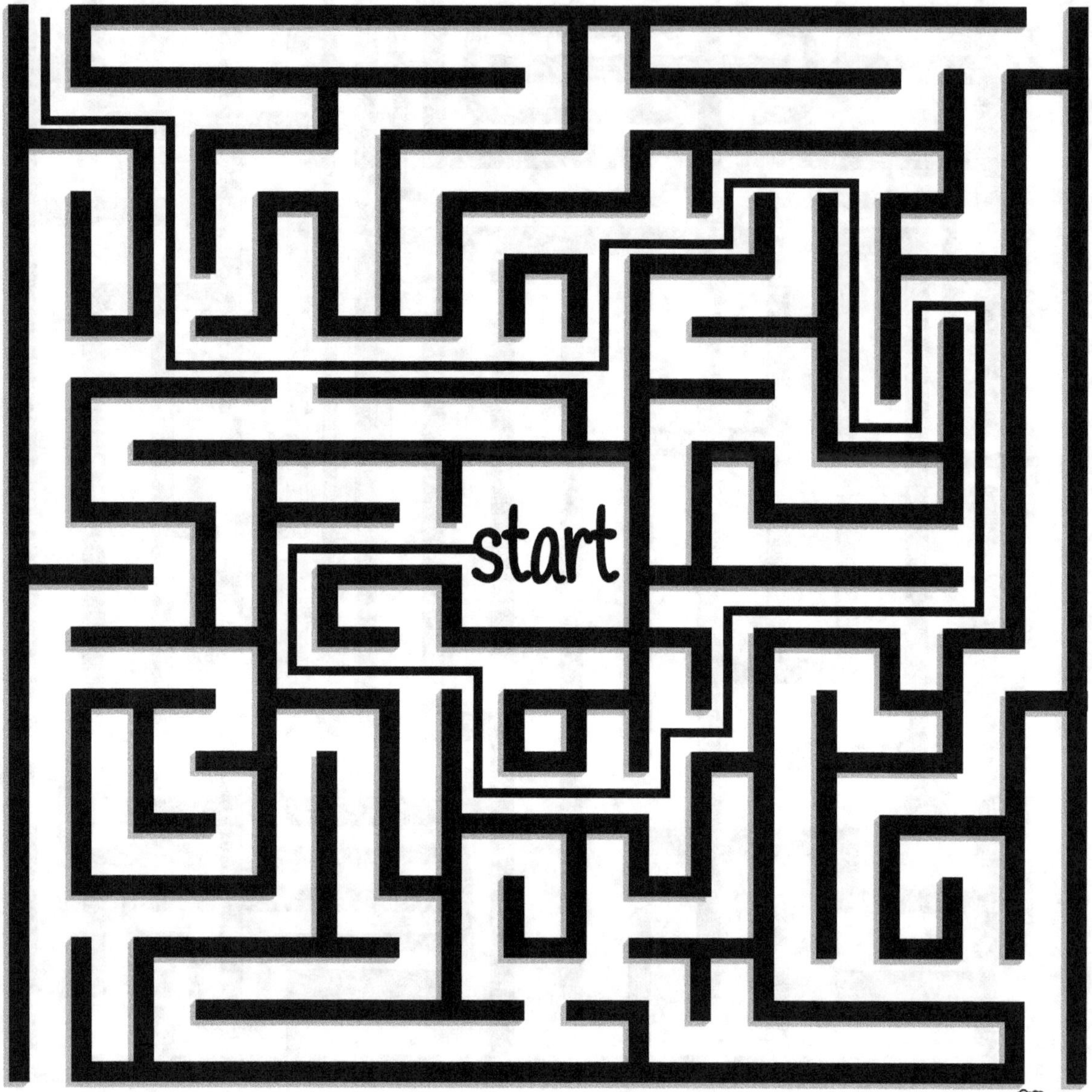

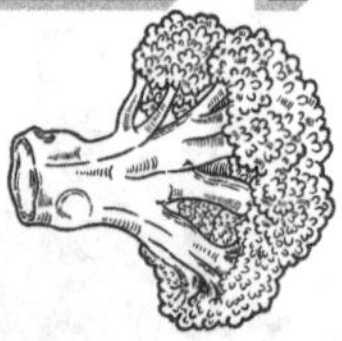

HAPPY THANKSGIVING

# Solutions

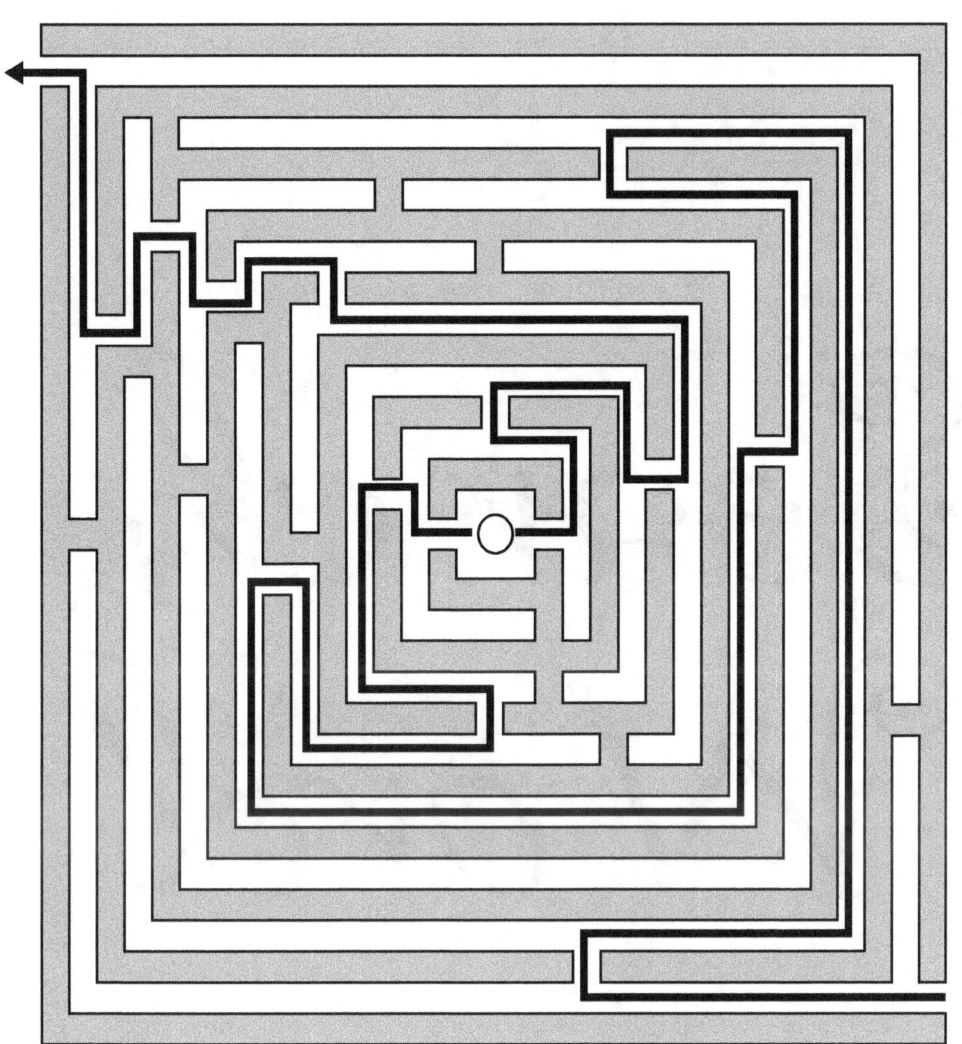

# Search Word

# ①

| | | | | | | | | | |
|---|---|---|---|---|---|---|---|---|---|
| X | U | E | G | W | J | H | N | Z | F |
| E | K | U | N | I | F | O | R | M | K |
| G | S | N | T | A | V | L | E | Y | D |
| A | M | N | O | E | S | I | T | I | A |
| T | T | W | M | N | Y | D | N | A | C |
| H | E | B | A | U | J | A | I | W | Y |
| E | E | V | T | Y | T | Y | W | P | I |
| R | W | F | O | O | V | U | U | N | P |
| Z | S | Q | T | O | R | R | A | C | I |
| L | W | Y | P | J | M | M | K | X | W |

AUTUMN      CANDY
CARROT      GATHER
HOLIDAY      NOVEMBER
SWEET      TOMATO
UNIFORM      WINTER

# ②

| S | S | E | N | D | N | L | P | A | I |
|---|---|---|---|---|---|---|---|---|---|
| N | Q | D | V | R | I | U | T | M | G |
| E | X | U | O | I | M | S | N | E | N |
| K | X | C | I | P | T | R | H | R | I |
| K | A | P | K | R | J | A | M | I | V |
| O | A | I | C | O | R | N | N | C | I |
| W | N | E | D | M | X | E | K | A | G |
| B | J | S | E | N | Y | H | L | N | P |
| S | K | N | A | H | T | B | F | E | E |
| A | R | E | N | I | B | G | S | N | J |
| W | N | E | D | M | X | E | K | A | G |
| B | J | S | E | N | Y | H | L | N | P |
| S | K | N | A | H | T | B | F | E | E |
| A | R | E | N | I | B | G | S | N | J |

ACORN     AMERICAN

CORN     DISH

GIVING     NATIVE

PIE     PUMPKIN

SQUIRREL     THANKS

# ③

| E | S | S | U | D | G | C | T | D | L |
|---|---|---|---|---|---|---|---|---|---|
| D | S | H | M | C | N | M | S | E | D |
| N | I | O | O | E | I | N | A | S | N |
| G | Y | R | O | L | V | V | E | S | B |
| M | K | S | E | G | I | I | F | E | A |
| X | F | K | I | W | G | D | Z | R | I |
| I | A | H | R | M | S | H | A | T | G |
| C | D | U | C | K | K | P | A | Y | Z |
| I | P | I | W | O | N | M | C | M | N |
| F | F | D | O | T | A | T | O | P | U |
| A | T | R | F | H | H | R | W | S | Q |
| J | V | B | J | I | T | B | I | T | U |
| V | E | G | E | T | A | B | L | E | S |
| W | Q | Z | T | J | H | W | Y | I | V |

CAKE

DUCK

GOOSE

HOLIDAY

THANKSGIVING

DESSERT

FEAST

HAM

POTATO

VEGETABLES

# ④

| | | | | | | | | | |
|---|---|---|---|---|---|---|---|---|---|
| E | H | V | W | K | K | M | B | Z | R |
| H | K | T | A | O | X | R | U | B | L |
| R | O | A | Y | O | O | N | I | G | E |
| B | R | M | B | C | E | L | P | P | A |
| A | X | H | E | X | U | P | L | Z | F |
| G | H | H | V | T | U | E | Z | J | Q |
| V | X | P | X | H | A | B | I | C | Z |
| F | I | S | H | T | R | N | G | O | D |
| U | B | A | T | C | D | X | M | P | I |
| C | L | O | R | I | L | G | C | K | N |
| S | I | J | A | L | G | Q | U | T | N |
| B | M | N | A | H | A | C | D | P | E |
| V | A | F | P | N | H | Y | C | M | R |
| F | B | G | V | G | C | G | W | I | P |

| | |
|---|---|
| APPLE | BAKE |
| COOK | DINNER |
| EAT | FALL |
| FISH | HOME |
| INDIAN | LEAF |

# ⑤

| A | U | L | C | W | H | F | J | N | U |
|---|---|---|---|---|---|---|---|---|---|
| S | J | T | L | O | P | Y | I | I | Q |
| O | V | O | X | G | H | R | W | K | L |
| E | N | O | B | H | S | I | W | P | V |
| T | E | S | R | Q | M | R | S | M | N |
| Y | S | B | A | E | Y | T | G | U | O |
| D | I | E | A | L | N | Q | W | P | V |
| T | O | L | V | E | A | D | B | S | X |
| A | O | U | R | R | W | D | V | A | A |
| S | T | A | E | M | A | N | H | B | U |
| T | P | J | N | Y | N | H | E | E | J |
| Y | W | R | K | A | Z | E | L | V | L |
| J | N | G | V | D | V | S | M | C | O |
| R | E | C | I | P | E | J | J | B | I |

HARVEST
MEAT
PARENTS
RECIPE
TASTY

MEAL
OVEN
PUMPKIN
SALAD
WISHBONE

# 6

| S | E | L | B | A | T | E | G | E | V | Y | O | U | X |
|---|---|---|---|---|---|---|---|---|---|---|---|---|---|
| Y | P | Q | U | Y | A | D | Z | L | I | A | Z | D | U |
| B | J | I | D | F | N | Z | L | W | X | D | I | H | F |
| M | F | H | J | O | K | A | I | Y | R | S | C | P | R |
| V | T | O | J | G | B | N | B | D | N | R | R | Q | Y |
| L | Y | V | U | T | F | D | A | E | G | U | H | U | V |
| S | U | P | O | M | Q | X | G | H | A | H | S | T | J |
| J | M | O | I | D | O | N | Y | G | T | T | E | V | O |
| X | F | O | T | G | M | X | A | T | O | G | R | E | M |
| M | I | C | T | G | V | P | M | P | R | P | V | L | B |
| S | N | F | J | X | O | G | B | A | K | Y | E | I | O |
| C | O | O | K | I | N | G | V | J | L | I | Y | S | K |
| H | W | Z | S | D | B | Y | J | Y | M | F | N | N | T |
| Q | M | Z | A | E | B | S | J | P | O | Y | T | H | C |

COOKING
FOOTBALL
NAPKIN
THANKFUL
TOM

DAY
GRAVY
SERVE
THURSDAY
VEGETABLES

# 7

| | | | | | | | | | | | | | | |
|---|---|---|---|---|---|---|---|---|---|---|---|---|---|---|
| E | G | V | E | C | V | F | N | Y | A | N | H | A | T |
| M | S | R | P | N | R | M | R | Q | M | L | E | I | O |
| G | G | U | A | I | I | R | S | W | E | J | E | P | Y |
| M | B | Q | E | T | E | D | G | P | R | L | M | O | Z |
| J | C | N | R | B | I | Q | B | N | I | W | O | C | B |
| Y | D | O | N | M | J | T | U | W | C | O | C | U | F |
| S | R | A | D | Y | Z | O | U | E | A | B | A | N | D |
| D | R | E | T | S | A | B | R | D | B | U | A | R | R |
| C | G | T | X | X | D | O | G | U | E | Z | X | O | B |
| C | A | F | A | R | I | R | T | J | R | G | K | C | O |
| U | C | P | J | U | F | G | P | V | J | F | Q | D | F |
| P | X | E | Q | T | F | D | M | I | N | O | J | T | L |
| B | J | W | N | O | A | V | Y | Q | B | D | O | C | V |
| P | L | E | F | T | O | V | E | R | S | P | O | Y | I |

AMERICA

BASTE

BOWL

CORNUCOPIA

CRANBERRY

DINE

FRIENDS

GRATITUDE

LEFTOVERS

POT

# 8

| S | E | H | H | E | W | A | G | O | X | B | K | P | R | K |
|---|---|---|---|---|---|---|---|---|---|---|---|---|---|---|
| I | C | K | S | A | G | O | D | V | H | C | S | L | C | Z |
| Q | E | I | X | I | B | C | X | Q | I | R | N | A | T | D |
| R | I | T | M | B | F | E | K | T | Y | G | U | T | B | K |
| H | P | M | L | E | T | A | S | Y | Q | P | B | T | I | E |
| S | R | E | K | A | L | M | H | O | D | Q | E | E | N | U |
| A | E | H | R | E | U | T | L | H | C | E | B | R | D | Z |
| Q | T | Q | O | R | E | V | I | S | N | A | E | B | D | G |
| T | N | G | D | K | Y | Q | E | N | L | U | H | U | Z | C |
| X | E | J | Z | D | U | Y | U | I | G | U | U | E | O | D |
| W | C | M | A | S | S | A | S | O | I | T | X | X | R | N |
| J | O | B | Q | N | V | I | V | E | Q | W | W | K | B | H |
| P | G | K | X | Z | Q | D | I | C | P | M | B | Z | T | U |
| Y | E | A | S | D | V | O | E | Z | X | W | V | O | U | K |
| Q | A | B | W | R | H | W | B | W | P | Q | Q | L | A | C |

ATE
BUNS
DRUMSTICK
GOBBLE
MELTING

BEANS
CENTERPIECE
FISH
MASSASOIT
PLATTER

| V | S | S | P | B | M | J | A | A | F | N | U | N | X | I |
|---|---|---|---|---|---|---|---|---|---|---|---|---|---|---|
| Y | O | T | K | D | A | S | Z | M | G | S | Z | J | Y | U |
| Q | E | R | E | I | Y | T | E | R | U | T | L | U | C | T |
| D | S | T | V | E | P | J | C | T | H | J | B | H | T | D |
| E | U | C | M | U | W | S | G | P | T | M | R | A | A | P |
| G | G | B | K | X | Q | S | T | M | V | L | E | T | V | I |
| A | K | U | W | U | C | Q | M | N | A | R | E | F | L | L |
| Y | Z | V | A | H | G | Y | O | A | G | Q | M | R | Q | G |
| O | C | N | B | S | V | I | G | V | U | M | S | M | S | R |
| V | T | C | F | Z | T | M | W | Q | O | L | G | B | U | I |
| O | I | B | M | I | B | C | G | T | D | N | G | B | U | M |
| I | V | N | D | T | J | E | K | U | J | Y | A | F | P | B |
| J | I | A | D | G | U | L | Z | E | V | B | V | Q | R | E |
| U | R | D | J | Y | M | P | P | M | I | N | Q | H | H | Z |
| T | P | A | N | S | R | P | L | Y | M | O | U | T | H | H |

CULTURE
PANS
PLYMOUTH
SQUANTO
TRADITION

GREAT
PILGRIM
SETTLERS
SWEETS
VOYAGE

| | | | | | | | | | | | | | | |
|---|---|---|---|---|---|---|---|---|---|---|---|---|---|---|
| S | C | R | W | S | E | V | I | T | A | L | E | R | N | B |
| C | S | S | V | C | O | L | O | N | Y | T | T | B | O | U |
| D | Y | E | Y | P | E | Q | N | D | J | I | P | W | I | F |
| P | L | O | N | M | C | G | A | S | R | N | G | R | T | F |
| X | A | E | A | I | E | V | O | L | M | Q | I | M | A | E |
| I | B | R | J | N | P | T | D | K | V | S | A | U | C | T |
| B | A | N | A | H | M | P | W | N | C | U | U | I | A | Y |
| C | R | F | U | D | I | Q | A | S | B | Z | E | Y | V | F |
| N | E | P | P | F | E | K | L | H | H | I | F | C | X | G |
| L | A | U | Z | G | P | Y | A | Z | Z | A | L | C | J | K |
| P | I | S | N | B | X | G | G | D | I | Z | M | N | N | N |
| E | V | B | X | C | C | D | G | T | P | D | T | M | W | W |
| L | F | T | C | X | E | Y | H | Q | K | T | A | D | A | W |
| B | W | G | A | M | J | Y | P | W | F | P | L | L | L | K |
| T | K | W | F | D | W | W | I | X | T | G | N | P | A | N |

BUFFET

COLONY

FUN

LOVE

RELATIVES

CARAMEL

FAITH

HAPPINESS

PARADE

VACATION

# Solutions ①

```
X U E G W J H N Z F
E K U N I F O R M K
G S N T A V L E Y D
A M N O E S I T I A
T T W M N Y D N A C
H E B A U J A W Y
E E V T Y T Y W P I
R W F O O V U U N P
Z S Q T O R R A C I
L W Y P J M M K X W
```

AUTUMN  
CARROT  
HOLIDAY  
SWEET  
UNIFORM  

CANDY  
GATHER  
NOVEMBER  
TOMATO  
WINTER  

# Solutions ②

| | | | | | | | | | |
|---|---|---|---|---|---|---|---|---|---|
| S | S | E | N | D | N | L | P | A | I |
| N | Q | D | V | R | I | U | T | M | G |
| E | X | U | O | I | M | S | N | E | N |
| K | X | C | I | P | T | R | H | R | I |
| K | A | P | K | R | J | A | M | I | V |
| O | A | I | C | O | R | N | N | C | I |
| W | N | E | D | M | X | E | K | A | G |
| B | J | S | E | N | Y | H | L | N | P |
| S | K | N | A | H | T | B | F | E | E |
| A | R | E | N | I | B | G | S | N | J |
| W | N | E | D | M | X | E | K | A | G |
| B | J | S | E | N | Y | H | L | N | P |
| S | K | N | A | H | T | B | F | E | E |
| A | R | E | N | I | B | G | S | N | J |

| | |
|---|---|
| ACORN | AMERICAN |
| CORN | DISH |
| GIVING | NATIVE |
| PIE | PUMPKIN |
| SQUIRREL | THANKS |

# Solutions

③

| E | S | S | U | D | G | C | T | D | L |
|---|---|---|---|---|---|---|---|---|---|
| D | S | H | M | C | N | M | S | E | D |
| N | I | O | O | E | I | N | A | S | N |
| G | Y | R | O | L | V | V | E | S | B |
| M | K | S | E | G | I | I | F | E | A |
| X | F | K | I | W | G | D | Z | R | I |
| I | A | H | R | M | S | H | A | T | G |
| C | D | U | C | K | K | P | A | Y | Z |
| I | P | I | W | O | N | M | C | M | N |
| F | F | D | O | T | A | T | O | P | U |
| A | T | R | F | H | H | R | W | S | Q |
| J | V | B | J | I | T | B | I | T | U |
| V | E | G | E | T | A | B | L | E | S |
| W | Q | Z | T | J | H | W | Y | I | V |

CAKE

DUCK

GOOSE

HOLIDAY

THANKSGIVING

DESSERT

FEAST

HAM

POTATO

VEGETABLES

# Solutions

④

| E | H | V | W | K | K | M | B | Z | R |
|---|---|---|---|---|---|---|---|---|---|
| H | K | T | A | O | X | R | U | B | L |
| R | O | A | Y | O | N | I | G | E | E |
| B | R | M | B | C | E | L | P | P | A |
| A | X | H | E | X | U | P | L | Z | F |
| G | H | H | V | T | U | E | Z | J | Q |
| V | X | P | X | H | A | B | I | C | Z |
| F | I | S | H | T | R | N | G | O | D |
| U | B | A | T | C | D | X | M | P | I |
| C | L | O | R | I | L | G | C | K | N |
| S | I | J | A | L | G | Q | U | T | N |
| B | M | N | A | H | A | C | D | P | E |
| V | A | F | P | N | H | Y | C | M | R |
| F | B | G | V | G | C | G | W | I | P |

| APPLE | BAKE |
|-------|------|
| COOK | DINNER |
| EAT | FALL |
| FISH | HOME |
| INDIAN | LEAF |

# Solutions

⑤

| A | U | L | C | W | H | F | J | N | U |
|---|---|---|---|---|---|---|---|---|---|
| S | J | T | L | O | P | Y | I | I | Q |
| O | V | O | X | G | H | R | W | K | L |
| E | N | O | B | H | S | I | W | P | V |
| T | E | S | R | Q | M | R | S | M | N |
| Y | S | B | A | E | Y | T | G | U | O |
| D | I | E | A | L | N | Q | W | P | V |
| T | O | L | V | E | A | D | B | S | X |
| A | O | U | R | R | W | D | V | A | A |
| S | T | A | E | M | A | N | H | B | U |
| T | P | J | N | Y | N | H | E | E | J |
| Y | W | R | K | A | Z | E | L | V | L |
| J | N | G | V | D | V | S | M | C | O |
| R | E | C | I | P | E | J | J | B | I |

HARVEST    MEAL
MEAT    OVEN
PARENTS    PUMPKIN
RECIPE    SALAD
TASTY    WISHBONE

# Solutions
## ⑥

| | | | | | | | | | | | | | | |
|---|---|---|---|---|---|---|---|---|---|---|---|---|---|---|
| S | E | L | B | A | T | E | G | E | V | Y | O | U | X |
| Y | P | Q | U | Y | A | D | Z | L | I | A | Z | D | U |
| B | J | I | D | F | N | Z | L | W | X | D | I | H | F |
| M | F | H | J | O | K | A | I | Y | R | S | C | P | R |
| V | T | O | J | G | B | N | B | D | N | R | R | Q | Y |
| L | Y | V | U | T | F | D | A | E | G | U | H | U | V |
| S | U | P | O | M | Q | X | G | H | A | H | S | T | J |
| J | M | O | I | D | O | N | Y | G | T | T | E | V | O |
| X | F | O | T | G | M | X | A | T | O | G | R | E | M |
| M | I | C | T | G | V | P | M | P | R | P | V | L | B |
| S | N | F | J | X | O | G | B | A | K | Y | E | I | O |
| C | O | O | K | I | N | G | V | J | L | I | Y | S | K |
| H | W | Z | S | D | B | Y | J | Y | M | F | N | N | T |
| Q | M | Z | A | E | B | S | J | P | O | Y | T | H | C |

| | |
|---|---|
| COOKING | DAY |
| FOOTBALL | GRAVY |
| NAPKIN | SERVE |
| THANKFUL | THURSDAY |
| TOM | VEGETABLES |

# Solutions

⑦

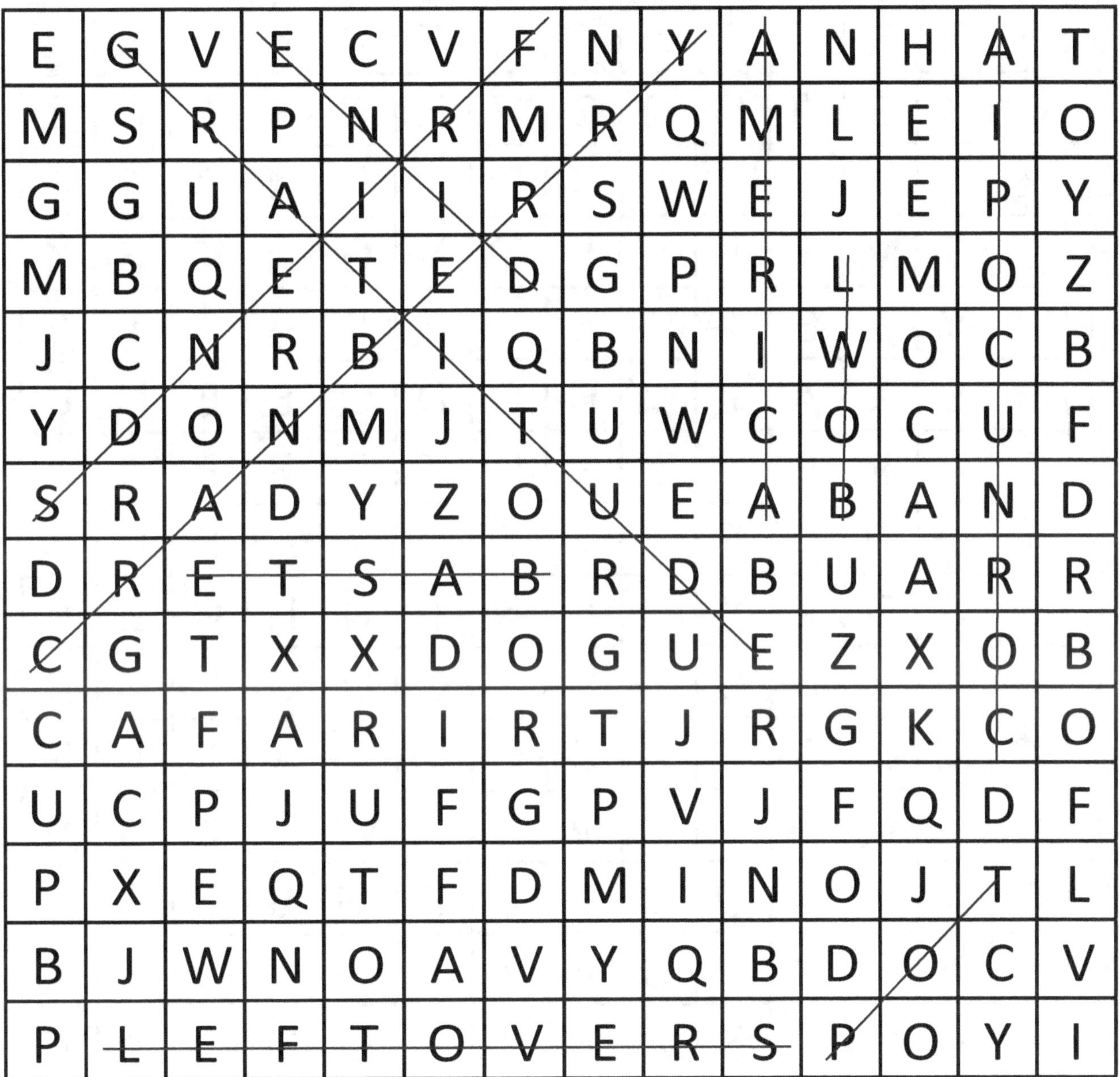



AMERICA    BASTE
BOWL    CORNUCOPIA
CRANBERRY    DINE
FRIENDS    GRATITUDE
LEFTOVERS    POT

# Solutions

## 8

| | | | | | | | | | | | | | | |
|---|---|---|---|---|---|---|---|---|---|---|---|---|---|---|
| S | E | H | H | E | W | A | G | O | X | B | K | P | R | K |
| I | C | K | S | A | G | O | D | V | H | C | S | L | C | Z |
| Q | E | I | X | I | B | C | X | Q | I | R | N | A | T | D |
| R | I | T | M | B | F | E | K | T | Y | G | U | T | B | K |
| H | P | M | L | E | T | A | S | Y | Q | P | B | T | I | E |
| S | R | E | K | A | L | M | H | O | D | Q | E | E | N | U |
| A | E | H | R | E | U | T | L | H | C | E | B | R | D | Z |
| Q | T | Q | O | R | E | V | I | S | N | A | E | B | D | G |
| T | N | G | D | K | Y | Q | E | N | L | U | H | U | Z | C |
| X | E | J | Z | D | U | Y | U | I | G | U | U | E | O | D |
| W | C | M | A | S | S | A | S | O | I | T | X | X | R | N |
| J | O | B | Q | N | V | I | V | E | Q | W | W | K | B | H |
| P | G | K | X | Z | Q | D | I | C | P | M | B | Z | T | U |
| Y | E | A | S | D | V | O | E | Z | X | W | V | O | U | K |
| Q | A | B | W | R | H | W | B | W | P | Q | Q | L | A | C |

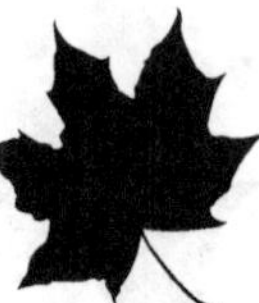

ATE
BUNS
DRUMSTICK
GOBBLE
MELTING

BEANS
CENTERPIECE
FISH
MASSASOIT
PLATTER

# Solutions

## ⑨

| | | | | | | | | | | | | | | | | |
|---|---|---|---|---|---|---|---|---|---|---|---|---|---|---|---|---|
| V | S | S | P | B | M | J | A | A | F | N | U | N | X | I |
| Y | O | T | K | D | A | S | Z | M | G | S | Z | J | Y | U |
| Q | E | R | E | I | Y | T | E | R | U | T | L | U | C | T |
| D | S | T | V | E | P | J | C | T | H | J | B | H | T | D |
| E | U | C | M | U | W | S | G | P | T | M | R | A | A | P |
| G | G | B | K | X | Q | S | T | M | V | L | E | T | V | I |
| A | K | U | W | U | C | Q | M | N | A | R | E | F | L | L |
| Y | Z | V | A | H | G | Y | O | A | G | Q | M | R | Q | G |
| O | C | N | B | S | V | I | G | V | U | M | S | M | S | R |
| V | T | C | F | Z | T | M | W | Q | O | L | G | B | U | I |
| O | I | B | M | I | B | C | G | T | D | N | G | B | U | M |
| I | V | N | D | T | J | E | K | U | J | Y | A | F | P | B |
| J | I | A | D | G | U | L | Z | E | V | B | V | Q | R | E |
| U | R | D | J | Y | M | P | P | M | I | N | Q | H | H | Z |
| T | P | A | N | S | R | P | L | Y | M | O | U | T | H | H |

**CULTURE**
**PANS**
**PLYMOUTH**
**SQUANTO**
**TRADITION**

**GREAT**
**PILGRIM**
**SETTLERS**
**SWEETS**
**VOYAGE**

# Solutions

## 10

| S | C | R | W | S | E | V | I | T | A | L | E | R | N | B |
| C | S | S | V | C | O | L | O | N | Y | T | T | B | O | U |
| D | Y | E | Y | P | E | Q | N | D | J | I | P | W | I | F |
| P | L | O | N | M | C | G | A | S | R | N | G | R | T | F |
| X | A | E | A | I | E | V | O | L | M | Q | I | M | A | E |
| I | B | R | J | N | P | T | D | K | V | S | A | U | C | T |
| B | A | N | A | H | M | P | W | N | C | U | U | I | A | Y |
| C | R | F | U | D | I | Q | A | S | B | Z | E | Y | V | F |
| N | E | P | P | F | E | K | L | H | H | I | F | C | X | G |
| L | A | U | Z | G | P | Y | A | Z | Z | A | L | C | J | K |
| P | I | S | N | B | X | G | G | D | I | Z | M | N | N | N |
| E | V | B | X | C | C | D | G | T | P | D | T | M | W | W |
| L | F | T | C | X | E | Y | H | Q | K | T | A | D | A | W |
| B | W | G | A | M | J | Y | P | W | F | P | L | L | L | K |
| T | K | W | F | D | W | W | I | X | T | G | N | P | A | N |

BUFFET  
COLONY  
FUN  
LOVE  
RELATIVES

CARAMEL  
FAITH  
HAPPINESS  
PARADE  
VACATION